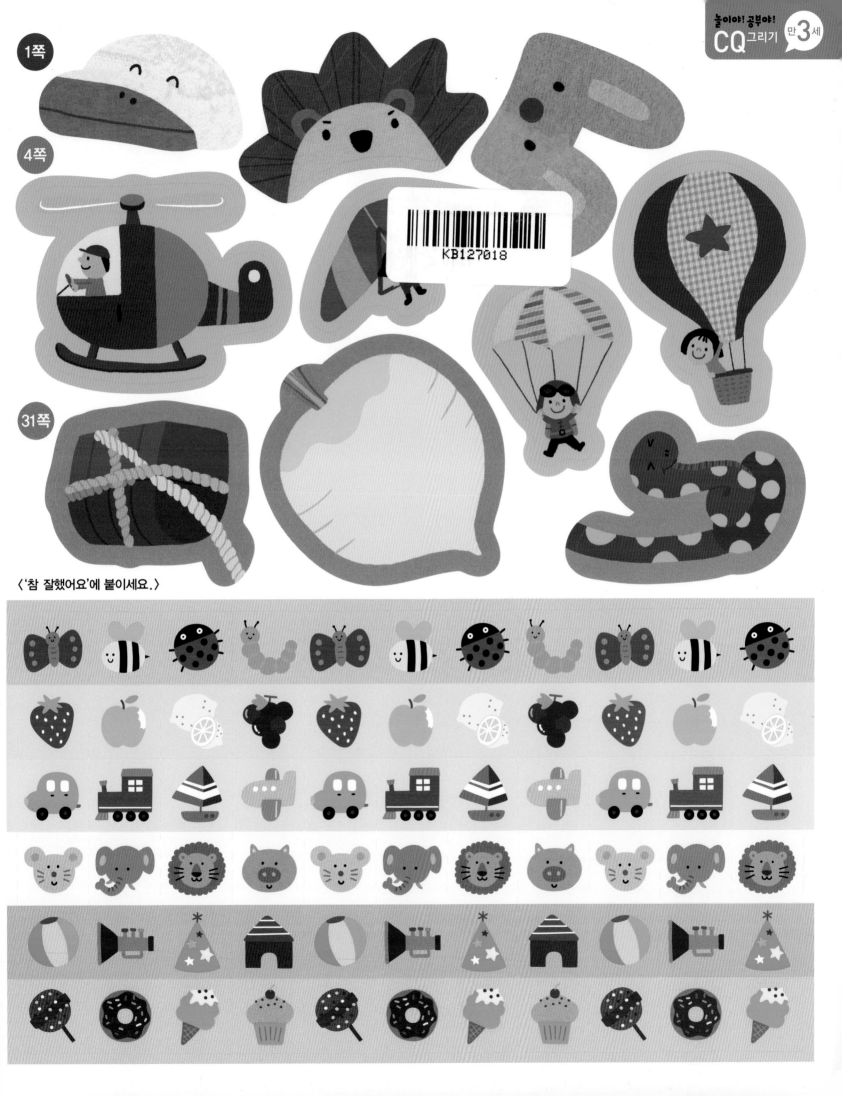

KB127018

〈'참 잘했어요'에 붙이세요.〉

신 나는 재롱 잔치

친구들이 동물 흉내를 내며 재롱 잔치를 하고 있어요. 친구들의
모습을 잘 보고, 각각 어울리는 동물 모자 스티커를 붙여 보세요.

민감성

으악, 무서운 늑대

무서운 늑대가 귀여운 아기 양들을 잡아먹으려고 해요. 늑대를
우리 안에 가둘 수 있도록 창살을 그려 보세요.

융통성

반짝반짝 초록 불

초록 불이 켜지면 손을 들고 길을 건너가요. 친구들이 안전하게
길을 건널 수 있도록 선을 그어서 횡단보도를 만들어 보세요.

민감성

두둥실 하늘로!

하늘을 날 수 있는 것은 무엇 무엇이 있는지 이야기해 보세요.
그리고 파란 하늘에 여러 가지 탈것 스티커를 붙여 보세요.

유창성

뚝딱! 도깨비방망이

상상력

'뚝딱' 하고 두드리면 무엇이든 나오는 도깨비방망이예요. 무엇이
나올지 상상해 보고, 방망이에 뾰족뾰족한 가시를 그려 보세요.

정교성

쪼르륵 물뿌리개

동물 친구들이 새싹이 쑥쑥 잘 자라도록 물을 주고 있어요.
점선을 따라서 물뿌리개에서 나오는 물줄기를 그려 보세요.

알록달록 나뭇잎

가을에는 나뭇잎이 노랗고 빨갛게 알록달록한 색으로 변해요.
단풍이 든 나뭇잎의 색깔을 살펴보고, 예쁘게 색칠해 보세요.

민감성

달콤달콤 케이크

엄마와 함께 커다란 케이크를 맛있게 구웠어요. 케이크에
여러 가지 장식을 그려서 먹음직스럽게 꾸며 보세요.

참 잘했어요

내가 사는 마을

내가 사는 마을에서 무엇 무엇을 볼 수 있는지 이야기해 보세요.
그리고 빈 곳을 예쁘게 색칠해서 우리 마을을 꾸며 보세요.

끈적끈적 거미줄

거미 아주머니가 나무들 사이에 멋진 거미줄을 쳐 놓았어요.
거미줄의 빈 곳에 선을 그어서 거미줄을 완성해 보세요.

반듯반듯 신기한 나무

신기한 나무에 반듯반듯 네모난 물건들이 주렁주렁 열렸어요.
무엇 무엇이 열렸는지 이야기해 보고, 점선을 따라서 그려 보세요.

아기 돼지
삼 형제

송이송이 포도송이

나무에 탱글탱글 포도가 탐스럽게 열렸어요. 송이송이 열린
포도 알맹이의 빈 곳을 예쁘게 색칠해 보세요.

쌩쌩, 바람 부는 날

차가운 바람이 쌩쌩 불어서 몸이 으슬으슬 추워요. 친구들이
춥지 않도록 튼튼한 지붕을 집 위에 그려 보세요.

융통성

옹기종기 동물 농장

농장에는 동물들이 옹기종기 모여 살아요. 농장에서 볼 수 있는
다양한 동물을 이야기해 보고, 예쁘게 색칠해 보세요.

유창성

민감성

바삭바삭 쿠키

꼬마 요리사가 여러 가지 모양의 쿠키를 바삭바삭하게 구웠어요.
쿠키의 모양을 잘 보고, 점선을 따라서 예쁘게 그려 보세요.

15

정교성

바닷가의 친구들

바닷가에 가면 조개와 불가사리를 볼 수 있어요. 조개와 불가사리의
모양을 잘 보고, 점선을 따라서 예쁘게 그려 보세요.

달콤한 사탕 꽃다발

달콤한 사탕으로 꽃다발을 만들어 사랑하는 엄마께 드릴 거예요.
사탕의 빈 곳을 마음껏 색칠해서 맛있게 꾸며 보세요.

참 잘했어요

맛있는 오므라이스

달걀 위에 케첩을 뿌려서 오므라이스를 완성할 거예요. 케첩을
어떻게 뿌리면 좋을지 생각해 보고, 먹음직스럽게 그려 보세요.

참 잘했어요

동물들의 멋진 무늬

기린과 얼룩말이 사이좋게 놀고 있어요. 기린과 얼룩말의 무늬를
잘 보고, 무늬의 빈 곳을 각각 알맞은 색으로 칠해 보세요.

민감성

참 잘했어요

19

멋쟁이 엄마와 아빠

엄마와 아빠가 외출 준비를 해요. 엄마, 아빠의 얼굴 표정을 그리고,
귀걸이, 안경 등을 마음껏 그려서 최고 멋쟁이로 꾸며 보세요.

여름에 냠냠

여름에는 동글동글 옥수수와 시원한 수박이 가장 맛있어요.
옥수수의 노란 알맹이와 수박의 까만 씨를 예쁘게 색칠해 보세요.

정교성

즐거운 운동회

즐거운 운동회가 열렸어요. 친구들이 쓰고 있는 모자의 색깔을
잘 보고, 똑같은 색으로 티셔츠를 칠해 보세요.

민감성

알록달록 비구름

요정 나라에는 알록달록한 색깔 비가 내린대요. 어떤 색의 비가
내릴지 상상해 보고, 구름을 예쁘게 색칠해 보세요.

참 잘했어요

동실동실 풍선

피에로 아저씨가 동실동실 풍선을 친구들에게 나눠 주고 있어요.
어떤 모양의 풍선이 있는지 살펴보고, 점선을 따라서 그려 보세요.

참 잘했어요

민감성

파도가 넘실넘실

돛단배를 타고 섬에 사는 친구를 만나러 가요. 배가 섬에 빨리
도착할 수 있도록 바다에 넘실거리는 파도를 그려 보세요.

멋쟁이 거북

엉금엉금 거북이가 멋지게 꾸미고 파티에 가요. 빈칸을
알록달록하게 색칠해서 거북이의 등을 예쁘게 꾸며 보세요.

독창성

정교성

인어 공주 아가씨

바닷속에 사는 예쁜 인어 공주가 햇볕을 쬐러 해변에 나왔어요.
꼬리에 있는 비늘 모양을 잘 보고, 점선을 따라서 그려 보세요.

깜깜한 밤

밤이 되면 온 세상이 깜깜해져요. 어둠 속에서 주위를 환하게
밝힐 수 있는 물건은 무엇이 있는지 찾아서 예쁘게 색칠해 보세요.

참 잘했어요

야호! 동물 놀이터

우리 마을 놀이터에는 동물들이 재미난 놀이기구가 되어 주어요.
어떤 동물이 어떤 놀이기구가 되었는지 살펴보고 색칠해 보세요.

영차, 영차!

동물 친구들이 땅속에서 무엇인가 뽑고 있어요. 어떤 것들이
뽑혀 나올지 상상해 보고, 스티커를 붙이며 이야기해 보세요.

두둥실 기구 여행

친구들과 함께 알록달록 기구를 타고 둥실둥실 하늘을 날아요.
열기구의 빈 곳을 서로 다른 색으로 예쁘게 칠해 보세요.

정교성

민감성

짹짹, 휴식 시간

아기 새들이 나무에 앉아서 쉬려고 해요. 아기 새들이 있는 곳을
잘 보고, 편하게 앉을 수 있도록 나무에 가지를 그려 보세요.

부릉부릉 자동차

부릉부릉 멋진 자동차를 타고 놀이터에 왔어요. 자동차의 빈 곳을
내가 좋아하는 색으로 마음껏 칠해서 멋지게 꾸며 보세요.

독창성

실룩실룩 엉덩이춤

원숭이들이 실룩실룩 엉덩이춤을 추고 있어요. 점선을 따라서
엉덩이를 예쁘게 그린 다음, 분홍색으로 칠해 보세요.

정교성

참 잘했어요

토끼의 요술 우산

토끼가 신기한 요술 우산을 다양하게 사용하고 있어요. 우산으로
또 무엇을 할 수 있을지 이야기해 보고, 예쁘게 색칠해 보세요.

융통성

36 융통성

재미난 창문

돼지네 집에 있는 창문은 모양이 참 재미있어요. 어떤 모양의
창문이 있을지 마음껏 그려서 돼지네 집을 꾸며 보세요.

돼지네 집

백설 공주의 생일 파티

백설 공주의 생일날, 모두 함께 모여 즐거운 파티를 열었어요.
일곱 난쟁이들의 머리에 예쁜 고깔모자를 하나씩 그려 보세요.

쿵작쿵작 악기 놀이

집 안에 있는 여러 가지 물건을 가지고 악기처럼 신 나게 연주해요.
어떤 물건들이 있는지 살펴보고, 빈 곳을 예쁘게 색칠해 보세요.

융통성

살랑살랑 멋진 물고기

바닷속에서 물고기들이 살랑살랑 헤엄치며 예쁜 모습을 뽐내고
있어요. 물고기의 몸에 무늬를 마음껏 그려서 멋지게 꾸며 보세요.

참 잘했어요

동글동글 완두콩 가족

상상력

콩깍지 안에 완두콩 가족이 옹기종기 모여 있어요. 빈 콩깍지에는
어떤 완두콩 가족이 살고 있을지 상상해서 그려 보세요.

정교성

통통통 공 풀장

친구들이 공 풀장에서 사이좋게 놀고 있어요. 색깔이 없는 공들을
여러 가지 색으로 알록달록 예쁘게 칠해 보세요.

눈으로 만든 아이스크림

친구들이 뽀드득뽀드득 눈을 뭉쳐서 아이스크림을 만들고 있어요.
여러 가지 모양을 그려서 눈 아이스크림을 만들어 보세요.

융통성

융통성

민감성

크고 작은 개구리

개구리들이 자기와 똑같은 색깔의 연잎에 앉으려고 해요. 큰 개구리가
큰 연잎에 앉을 수 있도록 알맞은 색깔로 연잎을 칠해 보세요.

할머니의 뜨개질

오리 할머니는 뜨개질을 참 좋아해요. 폭신폭신 따뜻한 털실로
무엇을 만들었는지 이야기해 보고, 예쁘게 색칠해 보세요.

유창성

참 잘했어요

내가 그린 명화

내가 그린 그림이 미술관에 전시되었어요. 아래의 빈 액자에
미술관에 전시하고 싶은 그림을 마음껏 그려 보세요.

독창성

정교성

맛있는 토끼풀

토끼들이 맛있는 토끼풀을 먹으러 풀밭에 왔어요. 점선을 따라서
토끼풀을 예쁘게 그린 다음, 초록색으로 칠해 보세요.

신기한 배와 자동차

동물 친구들이 동동 모자 배와 부릉부릉 신발 자동차를 타고
있어요. 신기한 모자 배와 신발 자동차를 예쁘게 색칠해 보세요.

융통성

딩가딩가 음악회

동물 친구들이 피아노, 북, 나팔, 바이올린을 연주하고 있어요.
어떤 소리가 날지 이야기해 보고, 악기를 예쁘게 색칠해 보세요.

폴폴 먼지 털기

엄마가 집 안 구석구석을 깨끗하게 청소하고 있어요. 먼지들이
여기저기 폴폴 날리는 모습을 상상해서 그려 보세요.

참 잘했어요

흥미진진 서커스

재미난 서커스가 열렸어요. 피에로와 동물 친구들이 어떤 재주를
부리고 있는지 이야기해 보고, 빈 곳을 예쁘게 색칠해 보세요.

놀라운 공룡 시대

먼 옛날에는 놀랍고 멋진 공룡들이 많이 살았어요. 공룡의 모습을
상상해서 꾸며 보고, 공룡의 입에서 내뿜는 불꽃도 그려 보세요.

참 잘했어요

차곡차곡 블록 놀이

여러 가지 블록을 차곡차곡 쌓으면 멋진 모양을 만들 수 있어요.
친구들이 무엇을 만들었는지 보고, 블록을 예쁘게 색칠해 보세요.

유창성

주룩주룩 비 오는 날

하늘에서 주룩주룩 비가 내리고 있어요. 동물들이 쓰고 있는
우산의 무늬를 잘 보고, 비옷에도 똑같은 무늬를 그려 보세요.

참 잘했어요

민감성

맛있는 초콜릿

여러 가지 재료로 다양한 초콜릿을 만들었어요. 각 푯말의 재료로
만든 초콜릿은 어떤 맛일지 이야기해 보고, 예쁘게 색칠해 보세요.

융통성

멋쟁이 마네킹

디자이너가 예쁜 옷을 만들어서 마네킹에게 입혔어요. 어떤 옷을
입혀 놓았을지 생각해 보고, 마네킹을 예쁘게 꾸며 보세요.

귀여운 내 친구들

친구들과 함께 사진을 찍었어요. 사진 속 친구들은 어떤 표정을
짓고 있을지 생각해 보고, 재미있는 표정을 그려 보세요.

유창성

윙윙, 꿀벌들의 집

부지런한 꿀벌들이 꿀을 찾으러 갔어요. 커다란 벌집에서 꿀벌이
들어 있는 칸을 모두 찾아 빨간색으로 칠해 보세요.